Religion für kleine Leute

Florian in der Kirche

von Regine Schindler
Fotos von Hartmut W. Schmidt

Verlag Ernst Kaufmann · Lahr

Wie jeden Tag kommt Florian an der Kirche mit dem Glockenturm vorbei. Es ist heute ruhig auf der Straße. Florian hört Musik. Vorsichtig geht er auf die andere Seite der Straße, zur Kirche. Dann steht er vor der großen Tür. Vielleicht ist sie heute nicht geschlossen? „Ich will mal nachsehen, ob jemand da ist", denkt Florian.

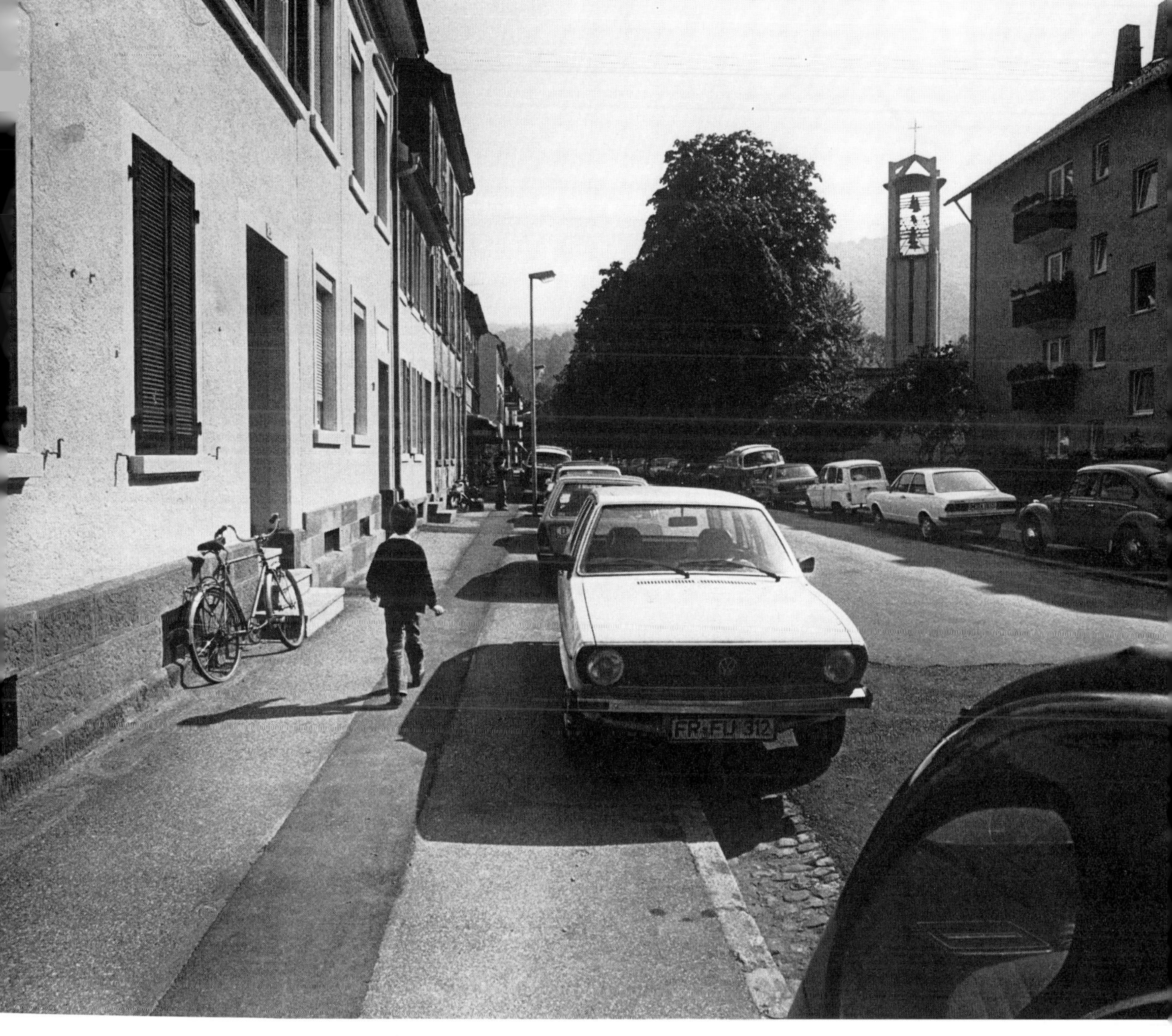
FR-FU 312

Wirklich, die schwere Türe läßt sich nach außen aufziehen. Florian hört noch immer die Musik. Ob er das wohl darf – so ganz alleine in die Kirche gehen?

Florian staunt über die vielen leeren Stühle. Als er mit Mutter und Vater am Sonntag in der Kirche war, saßen hier Männer, Frauen und Kinder – das war ganz anders.

Ganz leise geht er in die Kirche. Ein bißchen unheimlich ist es – aber es ist schön. Durch die bunten Glasfenster kommt viel Licht.

Weit vorne, bei den Fenstern, sieht Florian einen Tisch. Den möchte er gerne anschauen.

Aber da sieht er noch etwas. Es ist die Kanzel. In diesem merkwürdigen Kasten stand am Sonntag der Pfarrer. Wie in einem Käfig! Aber nein, wir sind ja nicht im Zoo! Fast hätte Florian gelacht.

„Ich möchte gern in diesem Kasten stehen!"
Er geht die zwei Stufen hinauf.

Wie in einem kleinen Häuschen ist es hier oben. Hier könnte ich mich verstecken oder vielleicht eine Wohnung bauen. Knapp sieht Florian über den Rand. „Die Leute würden mich fast nicht sehen. Ich muß noch wachsen. Ich bin ja auch erst sechs Jahre alt", denkt er.

Auf dem Pult liegt ein großes Buch. Vielleicht ist es eine Bibel? Aber sie ist viel dicker als die Kinderbibel zu Hause. Aus diesem Buch hat der Pfarrer am Sonntag vorgelesen. Er hatte eine laute Stimme. Alle haben ihn von hier oben verstanden.

Der Pfarrer hat von Jesus und seinen Freunden vorgelesen. Dann erzählte er. Es war die Geschichte von Jesus, der an dem Abend vor seinem Tod mit seinen Freunden zusammenkam. Florian möchte die Geschichte in dem dicken Buch finden. Aber er kann ja noch nicht lesen. Leider sind keine Bilder in dieser Bibel.

Florian dreht sich um. Er sieht den breiten Steintisch. Blumen stehen rechts und links. Da fällt ihm plötzlich ein, wie die Geschichte am Sonntag weiterging: Jesus setzte sich zu seinen Freunden an den Tisch und aß mit ihnen.

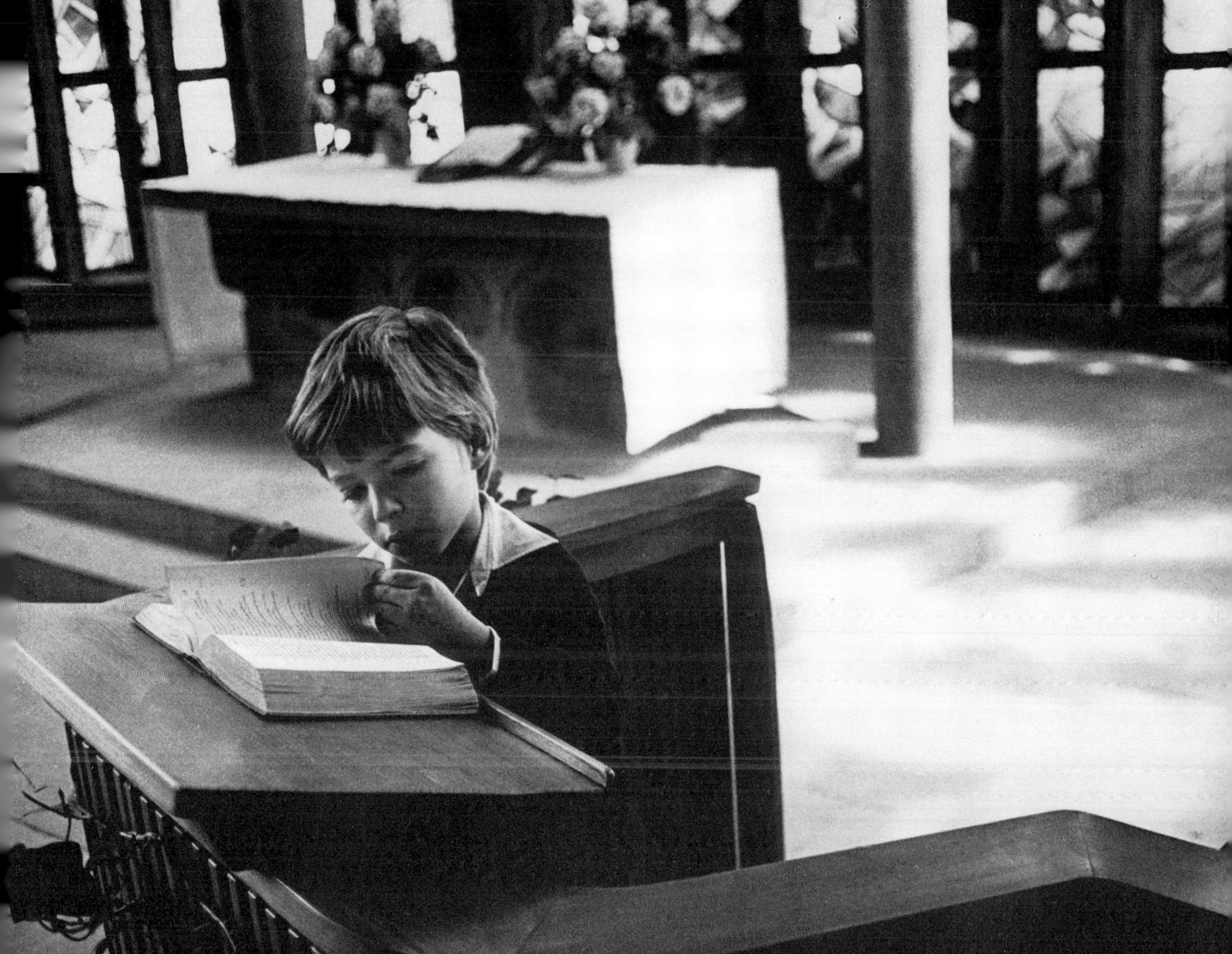

„Ich will den Tisch einmal anfassen! Nur ganz vorsichtig!" Florian tritt zum Altar. Eine weiße Decke liegt darauf wie manchmal zu Hause. Florian denkt wieder an die Geschichte von Jesus. Er hat mit seinen Freunden Brot gegessen und Wein getrunken. Das tun die Menschen noch heute in der Kirche. Sie sagen: „Auch wir gehören zu Jesus. Auch wir wollen seine Freunde sein".
Darum standen am Sonntag Weinbecher und Teller mit kleinen Brotstückchen auf dem Altar. Aber leider war das nur für die Erwachsenen. Sie nennen dieses Essen in der Kirche Abendmahl. Sie denken dabei an den letzten Abend von Jesus. „Jesus ist auch bei uns", sagen sie.

Heute liegen nur zwei Bücher auf dem Tisch. Und das Kreuz steht da. Das Kreuz muß Florian lange anschauen. Das Kreuz macht ihn auch etwas traurig. Er weiß, daß Jesus am Kreuz gestorben ist.

Hinter dem Kreuz leuchten die bunten Glasscheiben. Vorsichtig streicht er mit seiner Hand über das rauhe Glas, das von dicken Bleirippen durchzogen ist. Die blauen Fische mit ihren hellen Augen gefallen ihm gut.

Florian weiß nicht, daß auch die Fische ein Zeichen für Jesus sind. Schon in den allerältesten Kirchen wurden Fische in Steine geritzt.

An dem riesengroßen Blumenstrauß vorbei geht Florian jetzt hinüber zum Taufstein. Der silberne Deckel mit dem Kreuz glitzert und spiegelt.

Florian möchte gerne wissen, was darunter versteckt ist!

Ganz langsam schiebt er den Deckel etwas zur Seite. Das knarrt und klirrt ein bißchen. Er erschrickt. Er erinnert sich: Hier werden die Babies getauft. Seit der Taufe der kleinen Julia hat er mit seinen Freunden oft Taufe gespielt. Florian weiß, daß der Pfarrer bei der Taufe die Stirn des Kindes naß macht. Aber jetzt ist ja gar kein Wasser im Taufbecken! Es glitzert nur – doch Florians Hand bleibt trocken. Vorsichtig schiebt er den Deckel wieder zurück.

„Auch ich bin hier getauft worden", überlegt er. Er kann sich nicht erinnern. Er weiß nur, daß er den Namen Florian bekommen hat. Aber Florians Eltern wissen alles noch ganz gut. Sie haben hier versprochen, daß sie ihrem Kind von Gott und von Jesus erzählen wollen. Sie haben Gott für Ihr Kind gedankt.

Florian hat sich in die zweite Bankreihe gesetzt. Er sieht den Altar, die Kanzel und den Taufstein vor sich. „Alles ist wichtig hier“, denkt er. „Auch die Blumen sind wichtig, auch das bunte Licht“.

Erst jetzt, nachdem er vorne alles untersucht hat, kann er in Ruhe zuhören. Erst jetzt fällt ihm ein, daß er ja wegen der lauten Musik in die Kirche gekommen ist. Oft ist es ein feines Pfeifen, fast ein Singen – dann wieder ein Rauschen. Die Musik ist riesengroß: Sie füllt den ganzen Kirchenraum aus; sie scheint in der hohen Kirche kaum Platz zu haben.

Wie die Musik aufhört, erschrickt Florian. Er bleibt zuerst unbeweglich sitzen. Dann steht er auf und schaut nach hinten. Oben auf dem Balkon hat er Schritte gehört. Das ist etwas unheimlich. Die Schritte hallen in der leeren Kirche.

Aber da ruft eine freundliche Stimme: „Was machst du denn hier? Soll ich dir die Orgel zeigen, Junge?"
Florian entdeckt ganz oben auf der Seite einen Mann, der ihm winkt. Er freut sich. Er steigt die Treppe hinauf.

Nur ganz schnell will Florian schauen, ob sich die Nummern, die oben an der Treppe an einer Tafel befestigt sind, verschieben lassen. Es geht! Er vertauscht die 1 und die 5. Das macht Spaß! Er kann die Zahlen lesen und überlegt, was sie wohl bedeuten.

„Das sind die Nummern der Lieder, die im Gottesdienst gesungen werden“, sagt der freundliche Mann hinter ihm. „Ich zeig Dir, wie die Orgel dazu spielt!“

Bevor Florian dem Orgelspieler folgt, schaut er vom Balkon hinunter. Alles sieht von hier ein bißchen anders aus: der Altar, die Kanzel, das Taufbecken und die Stuhlreihen.

804
111
3
108
1+2+7
855
1885

„Ich bin der Organist. Hier ist mein Orgelpult, und dort sind die Orgelpfeifen. Und hier stehen natürlich die Noten, nach denen ich spielen muß!"

Florian ist zuerst ganz verwirrt. Das Pult des Organisten sieht ähnlich wie ein Klavier aus. Aber die Musik kommt nicht aus dem Kasten, vor dem sie nun beide sitzen, sondern aus den großen silbernen Röhren im Hintergrund. Wie ist das möglich?

Der Organist erklärt Florian, daß beim Drücken der Tasten durch eine Pumpe Luft in die Orgelpfeifen geblasen wird. „Früher mußte immer einer pumpen, damit dieser Wind in die Pfeifen kam. Heute geht das viel einfacher. Unsere Orgel hat eine elektrische Pumpe."

Florian will die Pfeifen auch von nahe anschauen. Der Organist steigt auf einen Stuhl und holt eine ganz kleine Pfeife für ihn hinunter. Sie sieht aus wie eine Flöte. Florian darf hineinblasen. Man hört einen sehr feinen, hohen Ton.

„Wenn ich hier oben auf die weißen oder schwarzen Tasten drücke, werden die kleinen Pfeifen geblasen. So entstehen hohe Töne, unten mit den Füßen spielt man die ganz tiefen Töne. Sie kommen aus den größten Pfeifen. Mit den vielen Knöpfen und kleinen Hebeln kann man die Töne noch verändern: Sie werden so hart wie Trompetenklänge oder so sanft wie eine Geige."

Das ist für Florian sehr aufregend. Er darf zum Schluß selbst spielen. Er probiert es mit den mittleren Tönen. Die gefallen ihm besser als das Piepsen der kleinen Pfeife vorhin. Der Organist drückt mit seinen Füßen die tiefen Töne dazu. Die Kirche ist voll von lautem Brausen! „Habe ich so laute und schöne Töne gemacht?", fragt Florian.

Der Organist hat sein Notenbuch zugeklappt. „Ich habe genug geübt für heute. Und du mußt wohl nach Hause gehen!"

Unter der Treppe sieht Florian eine halb versteckte Tür. Er zeigt darauf. „Wo führt die denn hin?", fragt er. „Das kann ich dir zeigen!" Der Organist lacht geheimnisvoll und zieht seinen Schlüsselbund aus der Tasche.

Die beiden kommen in die Sakristei. „Hier werden die wertvollen Dinge, die man im Gottesdienst braucht, eingeschlossen." Florian bewundert die blitzblanken silbernen Becher. Aus ihnen wird beim Abendmahl Wein getrunken. In den flachen Schalen werden beim nächsten Abendmahl kleine Brotstücke liegen. Auch die Kannen sind aus Silber! „Ob das wohl die Schätze der Kirche sind?", denkt er.

Sonst ist die Sakristei sehr klein und kahl. Auf dem Boden liegen Stapel von Gesangbüchern. Trotzdem wird Florian ein bißchen feierlich zumute. Er sieht den langen schwarzen Mantel mit den zwei Beffchen. Am Sonntag hat ihn der Pfarrer angehabt. Der Predigtmantel! „Das ist gut", denkt Florian. „Da weiß man gleich, wer der Pfarrer ist!" „Die Erwachsenen nennen diesen Mantel auch Talar", sagt der Organist.

„Hast du nun alles gesehen?", fragt der Organist. Sorgfältig schließt er den Schrank und dreht den Schlüssel der Sakristei gut um, bevor er ihn wieder abzieht.

Die beiden gehen durch die schwere Kirchentür hinaus auf den Vorplatz. Die Sonne ist warm. Sie blendet. Florian muß seine Augen schließen.

„Hat dir unsere Kirche gefallen?", fragt der Orgelspieler. „Oh ja, schön war das alles: die Fenster, der Altar, die Blumen und die Musik. Ich kenne jetzt die Kirche viel besser. Aber leer und ein bißchen kalt war sie auch!"

„Komm doch am Sonntag wieder! Da ist die Kirche voll von großen und kleinen Leuten. Da wird es fröhlich und warm!" „Ja, ich freue mich auf den Sonntag! Und vielen Dank noch!"

An den geparkten Autos vorbei läuft Florian nach Hause, so schnell er kann. Vielleicht wartet die Mutter schon auf ihn.

Nachwort für Eltern und Erzieher

Zusammen mit dem sechsjährigen Florian betreten Ihre Kinder in diesem Büchlein die Freiburger Ludwigskirche. Hier können sie die geheimnisvollen Gegenstände, die in allen Kirchen zu finden sind, anschauen: die Kanzel, den Altar, die Glasscheiben, den Taufstein; aber auch die Orgel mit dem Organisten, der im Gottesdienst weit weg und unsichtbar ist. Am Schluß sieht Florian in der Sakristei den Talar hängen; im Schrank stehen die Abendmahlskelche. Alle diese Dinge interessieren ein Kind; sie sind beim normalen Kirchenbesuch fern, unberührbar. Hier werden sie ganz vertraut. Es ist schön, wenn durch dieses Vertrautwerden die Kirche als ganze schon für kleine Kinder ein bekannter Raum wird, in dem man sich zu Hause fühlen kann. Dieses Büchlein soll aber über solch äußerliches Vertrautwerden hinausführen. Einzelne Bilder und Texte regen an, weiterzufragen, nach Gott, nach der Taufe, nach der Bibel und vor allem nach Jesus. Es sind zentrale Themen der christlichen Erziehung, zu denen in dieser Reihe bald weitere Bände erscheinen werden.

Die Entdeckungsreise von Florian findet – naturgemäß – in einer *leeren* Kirche statt. Die Gemeinde also, für die die Kirche gebaut ist, und die diesen Raum füllen soll, ist nicht vorhanden. Auch der Pfarrer wird nicht sichtbar. Gerade durch die Leere aber wird dem Jungen schon am Anfang bewußt, daß hier Entscheidendes fehlt. Der Hinweis auf den Sonntag, wo die Kirche „voll von großen und kleinen Leuten" sein wird, ist wichtig und führt zu Florians Freude am Schluß.

So wird die Kirche fürs kleine Kind erfahrbar als Ort der Verkündigung einerseits, als Ort der Begegnung andererseits. Beispielhaft für solches Begegnen ist das freundschaftliche Zusammentreffen mit dem Organisten, das in Florians Geschichte einen relativ großen Raum einnimmt.

Vielleicht bewirkt das vorliegende Büchlein, daß das Kennenlernen der Kirche zu einer gemeinsamen Sache von Eltern und Kindern wird, sowohl beim Betrachten und Erzählen von Florians Geschichte als auch in der Realität.

Zu „Florian in der Kirche" wurden wir angeregt durch das dänische Buch von Niels Johansen „med Mette i kirke", Forlaget Aros, Kopenhagen.

Beratung: Hermann Niederbremer

1. Auflage 1979

Umschlaggestaltung: Reinhard Herrmann
Fotos und Layout: Hartmut W. Schmidt
Printed in West Germany
ISBN 3-7806-0412-4